PAUL FOURNIER

ÉTUDES

SUR

LES PÉNITENTIELS

I

Extrait de la *Revue d'histoire et de littérature religieuses*,
t. VI, 1901, n° 4-5.

MACON
PROTAT FRÈRES, IMPRIMEURS
1901

La *Revue d'histoire et de littérature religieuses* paraît tous les deux mois, par fascicules de six feuilles d'impression (96 pages), et forme chaque année un fort volume de 568 pages environ.

Conditions de l'abonnement :

France et colonies........	10 fr. »	par an.
Étranger.................	12 fr. 50	—
Un numéro pris séparément.	2 fr. 50.	

Adresser les abonnements et toute communication à l'*Administration de la Revue d'histoire et de littérature religieuses, 74, boulevard Saint-Germain, Paris, 5e.*

Le meilleur mode d'envoi est un mandat-poste ou un chèque à vue sur Paris. Si l'on préfère que nous fassions opérer le recouvrement, l'abonné aura, dans ce cas, à payer, *en plus*, pour les frais, 0 fr. 50 pour la France, et 1 franc pour l'Europe.

Les abonnements partent du mois de janvier et sont exigibles après la publication du premier numéro de chaque année.

MM. les Éditeurs de l'étranger sont priés d'envoyer franco et directement (non par commissionnaire), à la Revue d'histoire et de littérature religieuses, 74, boulevard Saint-Germain, Paris, 5e, les ouvrages dont ils désirent un compte rendu.

La *Revue d'histoire et de littérature religieuses* est purement historique et critique.

MACON, PROTAT FRÈRES, IMPRIMEURS

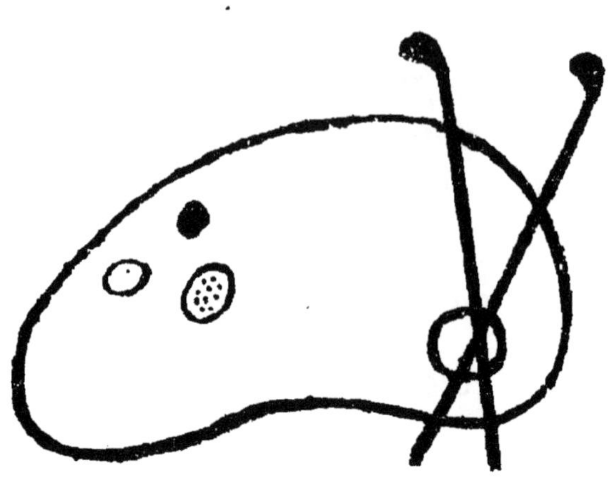

Fin d'une série de documents
en couleur

ÉTUDES SUR LES PÉNITENTIELS

I

LE PÉNITENTIEL *VALLICELLANUM PRIMUM*

Les études sur les pénitentiels poursuivies pendant de longues années par Mgr Schmitz[1], enlevé, il y a peu de temps, par la mort, l'avaient amené à des conclusions qui peuvent être ainsi résumées :

Il a existé de bonne heure un pénitentiel qui mérite le nom de romain, parce qu'il représente, en ce qui touche la pénitence, la coutume et la tradition de l'Église de Rome, qui seraient celles de l'Église universelle opposées à celles des Églises locales.

Le recueil primitif où étaient constatés les usages romains en ces matières, ne nous a pas été conservé. Toutefois il a engendré un groupe de pénitentiels qui le reproduisent plus ou moins complètement, tout en y introduisant quelques éléments étrangers. Ce groupe comprend les Pénitentiels ainsi dénommés par Mgr Schmitz :

Le *Vallicellanum* I^{um} (ms. Vallicell., E 15)[2] ;

1. H.-J. SCHMITZ, *Die Bussbücher und die Bussdisciplin der Kirche* (Mayence, 1883, in-8). — Weihbischof H.-J. SCHMITZ, *Die Bussbücher und das Kanonische Bussverfahren* (Düsseldorf, 1898, in-8). Dans les citations, le premier de ces ouvrages sera indiqué par ces mots : Schmitz, I ; le second par ces mots, Schmitz, II.

2. Texte dans SCHMITZ, I, p. 289 et s. Le manuscrit est, d'après Mgr Schmitz, de la fin du xᵉ siècle. J'ai rencontré le même pénitentiel dans un manuscrit de l'Ambrosienne (I 145 inf., fol. 61 et s.). Ce

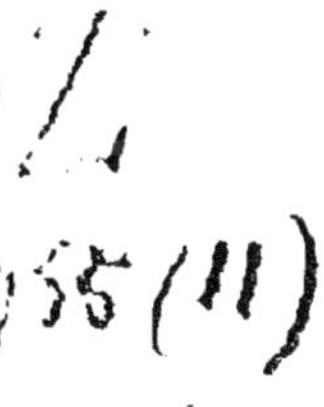

Le *Vallicellanum IIum* (ms. Vallicell. C 6)[1] ;

Le *Casinense*, appelé aussi *Paenitentiale Summorum Pontificum*, provenant d'un manuscrit du Mont-Cassin[2] ;

Le Pénitentiel dit d'Arundel, ainsi nommé parce qu'il provient d'un manuscrit de la Collection Arundel, au British Museum[3] ;

Le Pénitentiel d'Halitgaire, évêque de Cambrai[4].

La thèse de Mgr Schmitz, présentée pour la première fois, en 1883, n'a pas reçu de la critique un accueil favorable. Néanmoins, l'auteur l'a résolument défendue, et la maintient encore avec énergie dans l'important volume qu'en 1898 il a consacré aux Pénitentiels[5].

manuscrit semble être d'origine milanaise ; il s'ouvre par un traité de saint Ambroise et se continue par un *Sermo domni Uberti venerabilis abbatis*, qui fut prononcé *in basilica S. Thecle* (Il y avait une basilique de saint Thècle à Milan ; l'auteur du sermon est vraisemblablement Hubert, abbé de S. Simplicien à Milan qui vivait au XIIe siècle). Le manuscrit est du XIIe siècle.

1. Texte dans SCHMITZ, I, p. 350, s. Les renseignements que donne Mgr Schmitz présentent le manuscrit comme datant du IXe-Xe siècle. (Cf. SCHMITZ, I, p. 342). — Les premiers chapitres ont été publiés par Wasserschleben sous le titre : *Vallicellanum Ium*, p. 547 et s.

2. Sur ce manuscrit, voir SCHMITZ, I, p. 388 et s. ; le manuscrit qui porte le n° 372 peut, d'après Mgr Schmitz, être attribué à la fin du Xe siècle ou au commencement du XIe. Le texte a été publié par Schmitz, I, p. 397 et s.

3. Ms. 201, du XIIIe siècle, d'après le catalogue. Texte dans Schmitz, I, p. 437.

4. Texte bien connu (cf. MIGNE, *Patrologia latina*, CV, c. 651 et s.), dont une nouvelle édition a été donnée dans SCHMITZ, II, p. 264 et s. — Voir aussi SCHMITZ, I, p. 474 et s.

5. En France Mgr Duchesne, en Allemagne MM. Wasserschleben, Hinschius, Funk, von Scherer, ont combattu la thèse de Mgr Schmitz. Leurs critiques sont mentionnées dans Schmitz, II, p. 138 ; je citerai seulement l'article de Mgr DUCHESNE, *Bulletin Critique*, IV (1883), p. 365 et s. Mgr Schmitz a répondu à quelques-uns de ceux qui l'avaient critiqué : voyez son article dans l'*Archiv für Katholisches Kirchenrecht*, LI (1884), p. 25 et s. Voyez aussi SCHMITZ, II, p. 138 et suiv.

Il n'est donc pas sans intérêt d'examiner de près les éléments qui composent ces pénitentiels du groupe dit romain, afin de savoir si l'on peut sans témérité les considérer, ou considérer l'un d'entre eux comme représentant l'usage romain. Telle est la tâche que je me propose d'accomplir [1].

Or, d'après Mgr Schmitz, le *Vallicellanum Ium*, malgré les traces de remaniement qu'il porte, est le recueil qui se rapproche le plus du prétendu Pénitentiel Romain [2]. Nul autre pénitentiel, à son avis, ne saurait en donner une idée aussi approximativement exacte. C'est pourquoi je consacre tout naturellement au *Vallicellanum Ium* la première de ces études.

Voici l'ordre qui sera suivi dans l'examen que j'en entreprends :

Tout d'abord, je montrerai que la majeure partie des canons du *Vallicellanum Ium* procède des sources celtiques ou anglo-saxonnes.

Puis, considérant les canons auxquels on ne peut assigner cette origine, je ferai voir que, non seulement aucun indice ne permet de leur attribuer une origine particulièrement romaine, mais que nombre d'entre eux sont étroitement apparentés aux canons reçus dans l'Église gallo-franque.

Enfin j'essaierai de résoudre les questions qui se posent relativement à la composition, à la date et à la patrie du *Vallicellanum Primum*.

1. Un examen analogue a été entrepris par M. Hinschius, pour un petit nombre des canons du *Vallicellanum Ium*. Il a abouti aux mêmes résultats auxquels m'a conduit un examen plus général, HINSCHIUS, *Kirchenrecht*, V, p. 92, note 4.

2. SCHMITZ, I, p. 236.

CHAPITRE PREMIER

Je présenterai successivement, en deux groupes distincts, l'indication des canons qui se rattachent aux sources celtiques et aux sources anglo-saxonnes.

I. Sources celtiques.

Les principaux documents auxquels j'aurai à renvoyer les lecteurs sont les suivants :

1° D'abord quelques fragments de conciles de la Grande-Bretagne [1] ;

2° Les textes attribués à Cumméan. Je ne m'en rapporterai pas sur ce point au pénitentiel dit *Excarpsus Cummeani* [2], qui est, en réalité, un pénitentiel éclectique, contenant des fragments de provenances très diverses, dont beaucoup sont étrangers à l'Irlande par leur origine. Mais je considérerai principalement les pénitentiels tripartites où les canons se partagent en trois catégories : *Judicia canonica*, *Judicia Theodori*, *Judicia Cummeani*. Nous en connaissons deux, grâce aux publications de Mgr Schmitz, le *Sangallense Tripartitum* et les *Capitula Judiciorum Paenitentiae* [11]. Lorsque ces deux sources donnent un texte comme provenant de Cumméan, je m'estime comme étant en droit de le tenir, au moins jusqu'à preuve contraire, pour un texte d'origine celtique [3] ;

1. Wasserschleben, *Die Bussordnungen*. p. 101 et s.

2. Wasserschleben, *op. cit.*, p. 460 et s. ; Schmitz, II, p. 597 et s.

3. Je crois pouvoir attribuer cette origine aux textes groupés sous le nom de Cumméan sans être tenu de me prononcer sur la question de savoir quel est ce personnage. L'histoire ecclésiastique de l'Irlande connaît de nombreux Cumméans ; Mgr Schmitz pense qu'il s'agit d'un abbé d'Iona au VIIe siècle (I, p. 602-603).

3° Le pénitentiel de Vinnian. Qu'il se rattache à Finian de Clonard, qui vivait en Irlande à la fin du ve siècle [1], ou à un auteur de date postérieure [2], ce pénitentiel doit, en tout cas, être considéré comme un document de source irlandaise ;

4° Enfin, un certain nombre de textes du pénitentiel dit de saint Colomban. Sans entrer dans la discussion des objections soulevées par Mgr Schmitz contre l'authenticité de ce pénitentiel [3], j'estime qu'il serait téméraire de refuser, avec cet auteur, toute créance à l'opinion qui le rattache au fondateur de Luxeuil. Toutefois, outre que certains textes, qui, sans doute, n'appartiennent pas à Colomban, ont été joints maladroitement à son œuvre, il convient aussi de se rappeler que Colomban, tout Irlandais qu'il fût par son origine et son éducation, a longtemps habité la Gaule mérovingienne et qu'il ne s'est nullement désintéressé des questions d'ordre ecclésiastique qui s'y débattaient. Tel des canons de son œuvre porte certainement la trace de ces préoccupations [4]. Au moins subsiste-t-il, dans le recueil qui porte le nom de Colomban, un noyau important de règles, le plus souvent semblables à celles du pénitentiel de Vinnian, dont l'origine celtique est plus que vraisemblable.

1. WASSERSCHLEBEN, *Die Bussordnungen*, p. 10. — Le texte se trouve dans le même ouvrage, p. 108 et s.

2. LOOFS, *Antiquae Britonum Scotorumque Ecclesiae quales fuerint mores* (Leipzig et Londres, 1882), p. 103, note.

3. Sur cette controverse, voir Schmitz, II, p. 146 et s. A la note 4 de la page 146, on trouvera l'indication des écrits publiés sur cette question. Je signalerai particulièrement, parmi les écrits opposés à la thèse de Mgr Schmitz, l'article de M. SEEBASS, *Das Paenitentiale Columbani*, dans le tome XIV de la *Zeitschrift für Kirchengeschichte*, p. 431 et s., dont l'argumentation me paraît très convaincante ; joignez-y la note de M. HAUCK dans le tome I de la *Kirchengeschichte Deutschlands* (1re édition), p. 254-255.

4. Voyez, par exemple, le canon B. 25 sur les *Bonosiaci*, qui convient exactement à l'état de la Gaule du VIe siècle. C'est bien à tort que Mgr Schmitz a nié ce fait.

Le lecteur connaît maintenant les documents auxquels j'aurai à me référer. Le moment est venu d'énumérer les textes du *Vallicellanum I*um qui se rattachent à des textes compris dans ces documents.

Le c. 1 du *Vallicell. I* reproduit le c. de saint Columban, B, 1 (Vinnian, 23).

Le c. 5 reproduit le c. 13, B du même pénitentiel (Vinnian, 35). Toutefois, au lieu des trois années d'exil au pain et à l'eau qui, dans le Pénitentiel de saint Columban, punissent l'homicide, on mentionne ici cinq années de pénitence, dont trois au pain et à l'eau [1].

Le c. 16 est inspiré par deux dispositions de Colomban, B 8 et B 4, qui, elles-mêmes se retrouvent dans Vinnian (c. 27 et 11).

Le c. 21 est un abrégé du c. 40 du Pénitentiel de Vinnian.

Le c. 22 procède de textes de Cumméan (Schmitz, II, p. 186, nos 16 et 17 ; cf. *ibid.*, p. 224, VII, 14). Ce canon est d'ailleurs rattaché ici au concile de Néocésarée, qui, par une hypothèse posée en des termes analogues, donne une solution différente (c. 4).

Le c. 26 est apparenté avec une décision de Cumméan (*Vir semetipsum*... Schmitz, II, p. 186, n° 15, vers la fin ; cf. *ibid.*, p. 224, VII, 15).

Le c. 27 se retrouve, avec une différence peu importante, dans l'une des séries de Cumméan (*Ibid.*, p, 186, n° 15, vers le milieu).

1. Une fois pour toutes, je dois dire ici qu'à mon avis, des différences légères, omissions de quelques mots peu importants ou variantes dans les chiffres des années de pénitence, ne sauraient empêcher d'admettre un rapport de filiation entre deux fragments, d'ailleurs analogues. La comparaison des textes fournit là-dessus des impressions qui me paraissent très sûres.

Le c. 28 figure dans les deux séries de Cumméan (*Ibid.*, p. 185, n° 8, vers la fin ; cf. p, 224, VII, 15).

Le c, 34 reproduit un texte de la même série (*Ibid.*, p. 186, n° 7 ; cf. p. 228, X, 3).

Le c. 39 répond à la première partie d'un texte de Cumméan (*Ibid.*, p. 226, IX, 1).

Le c. 45 répète, avec quelques différences de forme, une disposition qui se trouve dans les deux séries de Cumméan (*Ibid.*, p. 185, n° 4, vers la fin ; p. 246, XXIX, 2, à la fin).

Le c. 48, sur le parjure paraît provenir de Columban, B, 5 (Cf. Vinnian, 22). La règle fixée par ce canon a d'ailleurs pénétré aussi dans la série des *Judicia canonica* [1], avec diverses modifications ; cf. Schmitz, II, p. 180, n° 3, et p. 234, XV, 1).

Le c. 51 reproduit des solutions qui se trouvent dans un texte de Cumméan sur le parjure (Schmitz, II, p. 186, n° 18). Le même texte, avec des sanctions différentes, se trouve dans la série des *Judicia pœnitentiae* qui porte le nom de Cumméan, p. 235, XV, 3).

Le c. 53, sauf un détail, est identique à un texte de Cumméan (*Ibid.*, p. 238, XX, 2, vers la fin).

Le début du c. 58 est apparenté au c. 4 du concile de Grande-Bretagne intitulé *Synodus Aquilonis*, et aussi à un texte de Cumméan (Schmitz, II, p. 187, n° 19, et p. 253, XII, 3).

Le c. 59 répond à un texte de Cumméan (Schmitz, II, p. 233, XIV, 2).

Le c. 65 se retrouve dans Colomban, B, 9 (Vinnian, 8 et 9).

1. L'étude des pénitentiels permet de constater, en maintes circonstances, que les canons attribués à saint Colomban ont été de bonne heure fusionnés avec les textes qui sont plus particulièrement d'origine canonique, en ce sens qu'ils tendent à appliquer, tant bien que mal, la discipline canonique de l'Église franque. Cette fusion s'est faite naturellement dans la Gaule mérovingienne.

La première décision du c. 67 se retrouve dans un texte de Cumméan (Schmitz, II, p. 242, XXXV).

Le c. 68 reproduit un texte de Cumméan (*Ibid.*, p. 186, n° 15). Ce texte est compris dans un chapitre des *Capitula judiciorum* (X, 1) placé sous l'inscription *judicium canonicum* ; mais, pour diverses raisons, cette inscription paraît erronée [1]. Je crois que l'attribution à Cumméan est plus vraisemblable.

Les c. 69 et 70 reproduisent les dispositions des divers canons placés sous le nom de Cumméan (Schmitz, II, p. 185, n° 2, et p. 220, II, 2).

Le c. 71 provient de Cumméan (*Ibid.*, p. 185, n° 3).

Le c, 73 provient, avec une légère modification, de Cumméan (*Ibid.*, p. 246, XXX, 1. Cf. Colomban, A, 10).

Le c. 74 tire aussi son origine de Cumméan (*Ibid.*, p. 244, XXVIII, 1).

Il en est de même du c. 75 (*Ibid.*, p, 246, XXX, 2).

Le c. 76 est très étroitement apparenté (sauf de légères différences) à un texte de Cumméan (*Ibid.*, p. 235, XV, 6).

Les c. 83 et 84 reproduisent le texte de saint Colomban, B, 6 (Vinnian, 18-20) avec quelques différences dans le nombre des années de pénitence infligées au pécheur [2].

Le c. 91 reproduit un texte de Cumméan (*Ibid.*, p. 242, XXIII, 3).

Les c. 93, 94 et 95 se retrouvent dans la série de Cumméan (*Ibid.*, p. 241, XXIII, 3).

Le c. 99 provient de Cumméan (*Ibid.*, p. 187, n° 21).

1. Cette attribution repose sur une erreur du scribe. Le chapitre comprend des textes qui, dans le pénitentiel tripartite de Saint-Gall, appartiennent à Théodore et à Cumméan.

2. Ces textes reparaissent, non comme *judicia Cummeani*, mais comme *judicia canonica* dans les *Capitula judiciorum* (XVI, 1, p. 236). Est-ce le résultat d'une erreur matérielle ? Il est à remarquer que ces textes sont omis dans un des mss. des *Capitula judiciorum*, celui de Heiligenkreuz (*Ibid.*, p. 236).

Le c. 101 figure dans la série de Cumméan (*Ibid.*, p. 239, XXII, 1).

Le c. 103 reproduit un texte des deux séries de Cumméan (*Ibid.*, p. 187, n° 21 ; cf. p. 239, XXII, 1).

Le c. 107 est apparenté avec le début d'un texte de la série de Cumméan (*Ibid.*, p. 239, XXII, 1).

Les c. 121 à 126 qui punissent les négligences à l'endroit de la célébration du Saint Sacrifice et de la conservation des espèces consacrées, sont apparentés d'assez près avec un fragment de la *Regula Cœnobialis* de saint Columban [1], et de plus près encore avec des textes placés sous le nom de Cumméan (Schmitz, II, p. 187, n°s 24 et ss) [2].

En résumé, 42 canons du Pénitentiel *Vallicellanum I*^{um} sont apparentés, la plupart très étroitement, avec des canons pénitentiels appartenant au groupe celtique.

II

Sources anglo-saxonnes.

Les textes les plus répandus du groupe anglo-saxon, ceux qu'il nous importe surtout de considérer, sont les textes provenant, plus ou moins directement, du célèbre archevêque de Cantorbéry, Théodore, qui, à la fin du VIIe siècle, réorganisa l'église anglo-saxonne. Ces textes [3]

1. Schmitz, I, p. 336,

2. Ces mêmes textes, dans le pénitentiel intitulé *Capitula judiciorum*, sont présentés par deux manuscrits, sans doute par erreur, comme des *judicia canonica*. Qu'il y ait eu une incertitude sur ce point, c'est ce que révèle l'inscription insolite d'un autre manuscrit : *Judicium canonicum Cummeani*; il s'agit du manuscrit de Vienne, n° 2223. Cf. Schmitz, II, p. 249, XXXIV, 1 et s. Il y a donc bien des chances pour que ces textes appartiennent véritablement à la série de Cumméan.

3. Il va de soi qu'il existe des analogies entre diverses règles posées par Théodore et les règles constituant la discipline de l'Église

se présentent surtout en trois recueils dont il n'est pas nécessaire de déterminer ici les rapports ; c'est le Pénitentiel en deux livres [1], le recueil dit sans bonne raison *Canones Gregorii* [2], et le recueil connu sous le nom de *Capitula Dacheriana* [3]. On pourra en rapprocher les séries empruntées à Théodore dans les deux pénitentiels tripartites publiés par Mgr Schmitz [4].

J'indique ci-dessous le résultat de la comparaison instituée entre le *Vallicell. I* et les textes des recueils de Théodore.

Le c. 4 reproduit un texte de la série de Théodore (*Canones Gregorii*, 111 ; cf. Théod. [5], I, IV, 2).

Le c. 6 provient d'un texte de la même série (*Canones Gregorii*, c. 152 ; cf. Théod., II, X, 1 et 2) [6].

Le c. 7 reproduit un texte de Théodore (I, XIV, 30 ; cf. *Canones Gregorii*, 105) [7].

universelle, contenues dans les recueils de Denys. Théodore connaissait ces règles et en tira parti. Là comme ailleurs, ce missionnaire romain, qui, par son origine appartenait au monachisme grec, « sut concilier les éléments divers et quelque peu opposés qu'il trouva dans les missions confiées à ses soins » (DUCHESNE, *Origines du culte chrétien*, p. 93) ; il s'inspira des usages canoniques comme des usages bretons. D'ailleurs la comparaison des textes permet souvent de reconnaître si un canon qui figure dans les pénitentiels procède directement des recueils de Denys ou n'y a passé que par l'intermédiaire de Théodore.

1. WASSERSCHLEBEN, p. 182 et s. ; SCHMITZ, II, p. 545 et s. (pour le premier livre) ; p. 566 et s. (pour le second livre).

2. WASSERSCHLEBEN, p. 160 et s. ; SCHMITZ, II, p. 523 et s.

3. WASSERSCHLEBEN, p. 145 et s. A été publié d'abord dans d'ACHERY, *Spicilegium* (2e édit.), I, p. 486 et s.

4. Voir, dans le tome II de Schmitz, le *Paenitentiale Sangallense tripartitum* (p. 177 et s.) et les *Capitula judiciorum* (p. 217 et s.)

5. Je renvoie par ce mot, *Theod.*, au Pénitentiel en deux livres.

6. Une décision analogue, mais très différente dans les termes, se trouve dans le c. 17 du concile tenu à Auxerre entre 573 et 603.

7. A rapprocher des décisions placées sous le nom de Théodore dans les Pénitentiels tripartites ; cf. SCHMITZ, II, p. 182, n° 4, et p. 220, III, 2, vers la fin. Ce texte de Théodore procède peut-être du canon 21 d'Ancyre.

Le c. 8 reproduit, sous une forme légèrement modifiée, Théod., I, xiv, 28, et *Canones Gregorii*, 161.

Le c. 9 est en relations étroites avec Théod., I, xiv, 29 [1]; cf. *Canones Gregorii*, 104 et 162.

Le c. 11 est tiré des *Canones Gregorii*, 112; cf. Théod. I, iv, 6. Le texte tel qu'il se trouve dans les *Canones Gregorii* figure sous le nom de Théodore dans le pénitentiel Tripartite de Saint-Gall : Schmitz, II, p. 183, 6 f.

Le c. 20, in fine : *Si quis cum matre*, reproduit le début de Théod., I, ii, 16. Un texte un peu différent se trouve dans les *Canones Gregorii*, 90.

Le c. 25 reproduit Théod., I, ii, 12 et 13, et *Canones Gregorii*, 95 et 97.

Le c. 30 reproduit Théod., I, xiv, 21 et 22 ; cf. *Canones Gregorii*, 107.

Le c. 32 contient une disposition tout à fait semblable à une règle posée par Théodore, II, xii, 13 (cf. *Dacheriana*, 122). Une règle analogue est donnée par la collection irlandaise (édit. Wasserschleben, XLV, 11), comme provenant du *Synodus Hibernensis*. Le même cas est traité par la 10ᵉ réponse de saint Grégoire à saint Augustin ; la règle édictée par ce document est plus sévère [2].

Le c. 35 reproduit un texte de Théodore, I, xiv, 23, et *Canones Gregorii*, 107.

Le c. 37 reproduit Théod., II, xii. 7 ; *Canones Gregorii*, 65.

Le c. 41 reproduit, en les résumant, Théod., II, xii, 23 et 24 ; *Canones Gregorii*, 72 ; *Capitula Dacheriana*, 36.

Le c. 42 reproduit Théod., I, xiv, 20 ; *Canones Gregorii*, 127.

Le c. 45 reproduit la première partie des *Canones Gregorii*, 118 ; cf. Théod., I, viii, 1 et 2.

1. Une décision analogue est classée dans les *Judicia canonica* par quelques manuscrits des *Capitula judiciorum*. Schmitz, II, p. 210, 10.
2. Hinschius, *Decretales Pseudo-Isidorianae*, p. 740.

Le c. 52 reproduit Théod., I, vi, 4 ; *Canones Gregorii*, 115 (texte qui se retrouve sous le nom de Théodore dans les *Capitula judiciorum*, Schmitz, II, p. 234, xv, 2). Toutefois je remarque une différence entre notre pénitentiel et les textes de Théodore : notre pénitentiel exige cinq ans et non trois ans de pénitence.

Le c. 78 reproduit avec quelques légères modifications, le c. 45 des *Canones Gregorii*; cf. Théod., I, v, 14.

Le c. 90 reproduit le c. 191 des *Canones Gregorii*; cf. Théod., I, xiv, 15, et *Capitula Dacheriana*, 87.

Le c. 92 reproduit Théod., I, xv, 2; cf. *Canones Gregorii*, 117. Ce texte a reçu dans notre pénitentiel une fausse attribution au concile de Gangres.

Le c. 96 reproduit Théod., II, xi, 7, 8 et 9; et, pour la fin, Théod., I, vii, 8 ; cf. *Canones Gregorii*, 137, 138, 139 et 146.

Le c. 98 reproduit Théod., II, xi, 2; *Canones Gregorii*, 143 ; *Dacheriana*, 168 (cf. Concile d'Orléans de 533, c. 20).

Le c. 100 reproduit le début du c. 121 des *Canones Gregorii* ; cf. Théod., I, i, 2 et 3.

Le c. 102, reproduit *Canones Gregorii*, 40 ; cf. Théod., I, i, 1.

Le c. 106 reproduit, en les abrégeant quelque peu, les décisions des *Canones Gregorii*, 60 et de Théod., II, xi, 4. Ce texte applique le principe posé par le concile de Gangres, 19, auquel il est attribué dans notre pénitentiel ; mais l'auteur du pénitentiel en a très vraisemblablement emprunté la forme aux recueils de Théodore.

Le c. 108 tire son origine des mêmes recueils. Voyez Théod., I, xi, 1, 2 et 3; *Canones Gregorii*, 55, 57 et 58 ; *Capitula Dacheriana*, 14. Ce texte a reçu, comme le précédent, une attribution au concile de Gangres ; il sanctionne, en effet, la prescription du c. 18 de ce concile.

Le c. 112 reproduit Théod., I, xiv, 5 et 6; cf. *Canones Gregorii*, 63 et 64 ; *Dacheriana*, 37 et 38.

Le c. 115 reproduit Théod., I, XIV, 7; cf. *Canones Gregorii*, 69; *Capitula Dacheriana*, 38.

Le c. 116 reproduit à peu près textuellement le c. 44 des *Canones Gregorii* et le c. 67 des *Capitula Dacheriana*; cf. Théod., II, VI, 9.

Le c. 120 reproduit le c. 193 des *Canones Gregorii*; cf. Théod., I, XII, 5, et *Capitula Dacheriana*, 80.

Le c. 127 reproduit Théod., I, XII, 4. Cf. *Canones Gregorii*, 123; *Capitula Dacheriana*, 26.

Le c. 128 procède de Théod., I, VIII, 5; *Canones Gregorii*, 37. Rapprochez-le de la lettre de saint Célestin aux évêques des Gaules, c. 2; ce texte semble s'en inspirer.

Le c. 131 reproduit, avec quelques modifications, Théod., II, VIII, 8; *Canones Gregorii*, 100; *Capitula Dacheriana*, 44.

Le c. 133 reproduit Théod., II, XIV, 11; *Canones Gregorii*, 157. Ce précepte, qui concerne les dîmes, est donné par saint Césaire d'Arles, par le c. 5 du concile tenu à Mâcon en 585, etc.

En résumé, 33 canons du Pénitentiel *Vallicell. I* sont apparentés, la plupart très étroitement, avec des canons pénitentiels appartenant aux recueils anglo-saxons qui se rattachent à Théodore.

CHAPITRE II

Jusqu'ici, des 133 canons qui composent le *Vallicellanum I*um nous avons reconnu que 75 au moins (plus de la moitié) sont inspirés soit par la discipline des canons du groupe celtique, soit par celle du groupe anglo-saxon. Cela se concilie assez mal avec la qualité de pénitentiel romain que Mgr Schmitz prétendait attribuer à ce pénitentiel : d'ores et déjà nous serions fondés à rejeter sa conclusion.

Mais nous pouvons pousser plus loin nos investigations. Interrogeons maintenant les 57 canons qui ne se rangent pas dans les familles insulaires. L'examen que nous leur ferons subir nous permettra de reconnaître, chez la plupart d'entre eux, l'un ou l'autre des caractères suivants :

1. Ils se rattachent étroitement soit à des textes canoniques reçus en Gaule, soit à des textes figurant dans les recueils de Denys, soit à des canons des conciles de la Gaule mérovingienne.

2. Ou tout au moins ils ont été rangés dans la série des *Judicia canonica* des Pénitentiels tripartites publiés par Mgr Schmitz. Ceci revient à dire qu'ils ont été considérés en pays franc comme reproduisant une discipline qui tire son origine, non pas des canons celtiques ou anglo-saxons, mais des conciles ou décrétales reçus en Gaule.

Voici les observations qui démontrent l'exactitude de ces propositions.

Le c. 2, application du canon 23 d'Ancyre sur l'homicide par imprudence (auquel renvoyait, en matière d'homicide, le c. 31 du concile d'Épaone[1]), figure, avec une très légère différence, dans les séries des *judicia canonica* des pénitentiels tripartites (Schmitz, II, p. 180, n° 12; cf. *ibid.*, p. 218, I, 1).

Le c. 3, qui traite aussi de l'homicide, figure dans les mêmes séries (*ibid.*, p. 180, n° 11, et p. 218, I, 1).

La même observation peut être faite à propos du c. 10 prévoyant le cas où un enfant nouveau-né aurait été étouffé inconsciemment, par ses parents. C'est un délit que punissent, au moyen âge, de nombreuses dispositions de conciles. Notre texte, moins le mot *clericus* (qui semble une insertion parasite), se retrouve dans les séries de *judicia canonica* (*Ibid.*, p. 181, n° 17, et p. 220, III, 1).

1. Je renvoie aux conciles mérovingiens d'après l'édition de Maassen dans les *Monumenta Germanniae*.

Le c. 12 est une version quelque peu modifiée du c. 25 d'Ancyre (Denys, n° 44; cf. *Herovalliana*, dans l'édition de Petit, *Theodori Paenitentiale*, I, p. 232).

Le c. 13, sur la sodomie, appartient aux séries des *judicia canonica* (Schmitz, II, p. 179, n° 2; p. 222, VII, 1).

Le c. 14 sur l'adultère (dont le texte est incorrect) appartient aux mêmes séries (*Ibid.*, II, p. 179, n° 3, et p. 222, VII, 2 et 3).

Le c. 15 précédé de l'inscription *Canone Ancirano, hera XVIII*, reproduit, en le défigurant, le canon 20 d'Ancyre (39 de Denys) sur l'adultère.

Le c. 17, inspiré par le canon 27 du concile de Chalcédoine sur le rapt, et précédé d'ailleurs de l'inscription *Canon Calcedon, hera XXVII*, figure à bon droit dans la série des *judicia canonica* (Schmitz, II, p. 180, n° 10; p. 224, VIII, 1).

Le c. 20, dans sa première partie, est une accommodation, assez mal faite du 15e canon d'Ancyre (Denys, 36), dont il conserve l'*inscriptio*. (Cf. *Herovalliana*, p. 231).

Le c. 23 garde dans son inscription le souvenir du c. 4 de Neocésarée (Denys, 48) qui prévoit la même hypothèse en la traitant différemment. Tel qu'il est, il figure dans les *judicia canonica* (Schmitz, II, p. 180, n° 9; p. 223, VII, 8).

Le c. 24 porte l'inscription *Canone Ancirano, hera XX*. C'est qu'il contient une disposition qui complète le c. 20 d'Ancyre (Denys, 40); elle concerne l'infanticide ou l'avortement, lorsque le coupable est le père et non la mère. Évidemment l'auteur de cette disposition entendait développer une règle canonique, en se couvrant de l'autorité du concile d'Ancyre.

Le c. 29 se rapporte encore à l'avortement, prévu par le c. 20 d'Ancyre. Il impose à la femme qui se fait avorter, non pas dix ans de pénitence comme le vieux canon grec, mais quatre ans au pain et à l'eau. Ce canon a trouvé place dans la série des *judicia canonica* (Schmitz, II, p. 181, n° 28; p. 320, III, 1)[1].

Le c. 31 procède directement de la Xe réponse de saint Grégoire à saint Augustin de Cantorbéry[2]; toutefois un mot omis (*prohiberi* après *non debet*) rend le texte à peu près inintelligible.

Le c. 33 est tiré de la XIe réponse de saint Grégoire à saint Augustin.

Le c. 38, précédé de l'inscription *In can. Apostolorum, hera XLVIII*, est un texte quelque peu développé du 48e canon des Apôtres.

Le c. 43, précédé de l'inscription *Canon Neocesariensis hera L[a]*, inflige la pénitence perpétuelle à la femme qui épouse les deux frères; en effet, le 2e canon de Neocésarée exclut cette femme de la communion jusqu'à la mort. Une version de ce canon, qui ne se confond pas avec celle de Denys, figure dans l'*Herovalliana* (Petit, *op. cit.*, p. 229); peut-être notre canon ne fait-il que résumer le début de cette version. En tout cas le précepte, sans la sanction, est rappelé par le c. 29 du concile d'Auxerre (573-603).

Le c. 44, sous l'inscription *Canon Niceni hera III[a]*, reproduit une disposition du canon 3 de Nicée. Elle a d'ailleurs trouvé place, sous une forme différente, dans l'*Herovalliana* (p. 199). Le précepte qu'elle contient, sur

1. Il est à remarquer que notre texte inflige quatre années de pénitence, tandis que les *Judicia canonica* n'en infligent que trois. Cette différence est peut-être le résultat d'une erreur de copiste; les erreurs de chiffres furent très fréquentes dans la transcription des pénitentiels. En tout cas, le délit est prévu dans les mêmes termes.

2. En mentionnant cette lettre parmi les sources canoniques, je ne prétends nullement trancher la question qui se pose concernant son origine. Mgr Duchesne (*Origines du Culte chrétien*, 1re édit., p. 94) estime qu'elle provient de l'entourage de Théodore. J'ai fait remarquer ci-dessus (p. 299) que sur un point, elle ne s'accorde pas avec les règles pénitentielles de Théodore.

la règle des mœurs que doivent suivre les clercs, a souvent été répété par les conciles mérovingiens.

Le c. 47 prévoit et punit la *falsitas*. Ce délit, *capitale crimen*, a attiré l'attention de divers conciles des Gaules : Agde, 50; Orléans (538), 9.

Le c. 54, *de usuris in Niceno, hera XVII*, reproduit avec une sanction pénitentielle différente, le c. 17 de Nicée [1] : il figure dans la série des *judicia canonica* (Schmitz, II, p, 238, XX, 1). Le c. 55 répète en cette matière la sanction de Nicée, qui est la déposition du clerc coupable d'usure.

Il y a probablement une certaine parenté entre le c. 57, *de furtu* et le premier *judicium canonicum* qui traite de cette matière (Schmitz, II; p. 232, XII, 1; cf. *ibid.*, p. 180, n° 15). Je dis une certaine parenté; car, par les termes mêmes du début, on sent le lien qui existe entre ces textes. Toutefois, il faut reconnaître que les sanctions ne sont pas identiques, et que de plus le *judicium canonicum* varie les sanctions suivant la condition du coupable.

Le c. 62 prévoit un délit (emmener un homme libre en captivité) réprimé par le concile de Lyon de 567 ou 570, c. 3 (dont le texte a été reproduit en abrégé dans l'*Herovalliana*, p. 237). La sanction du concile de Lyon est une excommunication temporaire; celle de notre pénitentiel, plus conforme aux habitudes des rédacteurs de ces recueils, consiste en une pénitence de trois ans.

Le c. 63 et 64 (incendie et violation de sépulture) figurent dans les séries de *judicia canonica* (Schmitz, II, p. 232, XII, 1; cf. *ibid.*, p. 181, n° 26 et 27).

Le c. 66 reproduit, avec une légère modification, le 24e canon des Apôtres (cf. Nicée, 1). Ce texte, sur la muti-

1. C'est le canon de Nicée qui est l'origine des dispositions canoniques interdisant aux clercs le prêt à intérêt.

lation volontaire, figure dans les *judicia canonica* (*Ibid.*, p. 181, note 29; p. 221, V, 1).

Le c. 77 reproduit, sauf une légère modification, la décision du 8e canon d'Ancyre, concernant ceux qui sacrifient aux faux Dieux.

Le c. 79, sur la participation aux fêtes païennes, reproduit de même le c. 7 d'Ancyre (cf. Laodicée, 39, n° 142 de Denys).

Le c. 80, condamnant les *mathematici* se retrouve dans une série des *judicia canonica* (Schmitz, II, p, 238; XIX, 1), Le crime des *mathematici*, c'est-à-dire des enchanteurs, a provoqué les sévérités des empereurs romains aussi bien que celles des conciles [1].

Le c. 81 figure sous le n° B. 24 dans le pénitentiel de Colomban ; mais je crois qu'il appartient au groupe de canons, présents dans ce pénitentiel, qui ne se rattachent pas à une origine celtique. Il procède plutôt, comme le c. 79, du 7e canon d'Ancyre. Il a d'ailleurs trouvé place dans les *judicia canonica* (Schmitz, II, p. 236, XVI, 1, *in fine*). Le fait de manger avec les païens est condamné par le c. 16 du concile de Clichy (626 et 627) et par le c. 14 du concile de Reims, sous Sonnatius (627-630). Déjà saint Césaire, d'Arles, avait condamné des pratiques analogues [2].

Le c. 82, précédé de l'inscription erronée *Canon. Ancir., hera VIIa*, est inspiré d'assez loin par une décision du pape saint Léon, dans sa lettre à Rusticus. Cette décision figure dans le recueil des décrétales de Denys, n° 46.

Le c. 85, contre les *immissores tempestatum*, figure dans les séries de *judicia canonica* (Schmitz, II, p. 238, XIX,

1. Sur les *mathematici*, voir les textes du code théodosien reproduits dans la *Lex Romana Visigothorum*, IX, 13, et dans ses abrégés.
2. Malnory, *Saint Césaire, évêque d'Arles*, p. 226.

1 ; cf. p. 181, n° 19). Il est question de cette superstition dans les œuvres d'Agobard [1].

Les c. 86, 87, 88, 89, 111 et 113 déterminent la pénitence à imposer à ceux qui se rendent coupables de pratiques superstitieuses inspirées par le paganisme, pratiques qui sont condamnées sévèrement par divers passages des œuvres de S. Césaire d'Arles : voyez ses sermons, notamment les sermons 264 et 265, qui figurent parmi les sermons apocryphes publiés en appendice de l'édition des œuvres de saint Augustin donnée par les Bénédictins, et joignez-y, pour une époque postérieure, le sermon placé dans la bouche de saint Éloi [2]. Il est à remarquer que nombre de dispositions, condamnant les mêmes superstitions, sont mentionnées dans les canons du concile d'Agde et des conciles de la Gaule mérovingienne [3] ; nos canons pénitentiels sont vraisemblablement apparentés à ces dispositions. Remarquez en outre que saint Boniface lutta énergiquement contre ces superstitions, répandues en Germanie comme en Gaule [4]. J'ajoute qu'on retrouvera plusieurs des dispositions de notre pénitentiel dans les séries de *judicia canonica*. (Schmitz, II, p. 236 et 237, XVI, 1 et 2 ; XVII ; XVIII ; *Ibid.*, p. 181, nos 20 à 25).

Le c. 97 est en rapport avec le c. 20 du concile d'Orléans, de 533, dont il diffère par la sanction.

1. *De grandine et tonitruis* dans la *Patrologia latina*, CIX.

2. *Vita S. Eligii* ; *Patrol. lat.*, LXXVII, c. 526 et s. Voyez à titre d'exemple un passage condamnant la superstition des *ligamina* (c. 528), analogue au c. 89 de notre pénitentiel sur les *ligaturæ*. Sur les *ligaturæ*, voir Du Cange, à ce mot.

3. Agde, c. 42 ; Orléans, an. 511, c. 30 ; Tours, c. 23 ; Auxerre, c. 1, 3 et 4 ; concile sous Sonnatius, évêque de Reims, an. 627-630, c. 14, etc.

4. *Monumenta Germaniae, Epistolae Merowingici et Karolini aevi*, I, p. 291, 301, 304, 351, et *passim*.

Le c. 99, sur l'ivrognerie des clercs, peut être rattaché au c. 41 d'Agde. La différence entre les deux dispositions est minime : là où notre pénitentiel impose trente jours de pénitence, le concile en impose quarante. En outre le concile s'occupe de l'ivrognerie des laïques, ce que ne fait pas notre canon.

Le c. 103 concernant l'homme qui force un de ses semblables à s'enivrer, est précédé de l'inscription : *Canon Apostolorum*, *hera XLIIII*, allusion inexacte au c. 41 des canons des Apôtres qui condamne d'une manière générale l'ivrognerie chez les clercs. Dans une de ses lettres, saint Boniface se plaint de ce que trop souvent les hommes de la race saxonne s'entraînent mutuellement à l'ivresse [1].

Le canon 109 est précédé de l'inscription : *Canon Cancrense*, *hera XVIII*. Il contient en effet le précepte du concile de Gangres, à savoir qu'il ne faut pas jeûner le dimanche. Toutefois la sanction n'est pas en tout cas l'anathème, comme l'avait édicté le concile ; quand l'acte a été commis sans mauvaise volonté, il n'est puni que de sept jours de pénitence. Notre texte ajoute au canon du concile la même sanction contre ceux qui travaillent ou se baignent le dimanche.

Il semble qu'il y ait dans la rédaction du c. 114 un souvenir de la seconde partie du c. 11 du concile de Mâcon (583) qui traite du même objet, la continence des clercs. La faute prévue est la même, et les termes qui l'expriment se rapprochent singulièrement ; mais la sanction est différente. En tout cas, notre canon se retrouve dans la série des *judicia canonica* (Schmitz, II, p. 130, XI, 1).

Mes investigations ont jusqu'ici porté sur 42 canons, qui ne paraissent pas procéder des sources celtiques ou anglo-saxonnes. Sur ces 42 canons, 31 sont en relations plus

1. *Monumenta Germaniae*, *Epistolae Merowingici et Karolini aevi*, I, p. 356.

ou moins étroites (souvent très étroites) avec la discipline conciliaire. Les autres étaient au moins considérés comme représentant cette discipline, car, au VIIIe siècle, dans l'Empire franc, on les classait dans les séries de *judicia canonica*, opposées aux *judicia Theodori* ou aux *judicia Cummeani*. La discipline que prétendaient appliquer ces canons trouve un fondement dans les décisions des anciens conciles recueillis par Denys le Petit et dans celles des conciles gallo-francs de l'époque mérovingienne : les observations présentées ci-dessus en font foi, si bien qu'il me suffit d'y renvoyer le lecteur.

Il est donc fort probable que ces canons proviennent de l'Église franque : tout au moins nous n'avons pas la moindre raison de penser qu'ils puissent être Romains.

Remarquez d'ailleurs que d'autres considérations viennent à l'appui de cette observation :

1° Les décrétales des Papes sont à peine mises à contribution, et parfois avec des attributions erronées, ce qui conviendrait mal à un recueil reproduisant une discipline d'origine romaine.

2° L'expression *Sedes Apostolica*, qui se trouve au c. 114, ne prouve rien en faveur de l'origine romaine de notre recueil. Elle était couramment employée en Gaule; ainsi les pères du concile d'Orléans, de 549, s'en servent (c. 1) pour désigner le Saint-Siège. De même elle se retrouve dans les lettres de saint Boniface et dans d'autres textes.

3° L'expression *hera* qui remplace *canon* dans nombre d'inscriptions de notre pénitentiel, n'a été usitée, à ma connaissance, qu'en Gaule, où nous la trouvons dans la collection canonique mérovingienne dite *Herovalliana*.

A côté de ces canons qui semblent inspirés par la discipline de la Gaule franque, je dois signaler le canon 19 de notre pénitentiel, portant condamnation de l'inceste. Il contient l'expression *barbanus* pour *patruus*, ce qui décèle un texte originaire des régions de la haute Italie, ou tout au moins des régions soumises aux Lombards [1]. Il punit l'inceste commis *cum cognata*, et ainsi se fait l'écho de prohibitions canoniques qui datent de la première moitié du VIIIe siècle ; c'est alors que fut posée la règle qui réputait incestueuse l'union de l'homme avec une de ses parentes, quelle qu'elle fût. Cet élément, d'origine italienne, *est isolé dans notre pénitentiel.*

En résumé, si l'on ne s'arrête pas à ce fait isolé, on est en droit de conclure que le Pénitentiel *Vallicellanum I*^{um} représente, à un degré plus ou moins éloigné des sources primitives, la fusion de trois éléments, à savoir :

Un élément celtique (42 canons),

Un élément anglo-saxon (33 canons),

Et un élément canonique (42 canons), dont les éléments qui laissent entrevoir leur origine proviennent pour la plupart de la Gaule franque [2].

Mais il ne trahit aucun caractère romain.

CHAPITRE III

Il reste à nous demander s'il est possible d'émettre quelque opinion sur la composition et la date de ce pénitentiel.

Et d'abord, il importe de savoir si le Pénitentiel *Vallicellanum I*^{um} est lui-même une œuvre originale.

1. C DUCANGE, à ce mot; *Literarisches Centralblatt*, 1883, p. 1311.
2. Le *Vallicell. I*^{um} comprend 133 canons : il en est une quinzaine pour lesquels mes recherches n'ont pas abouti.

Je ne le crois pas. Contrairement à l'opinion de Mgr Schmitz, je le considère comme un remaniement d'un autre pénitentiel, connu sous le nom de Pénitentiel de Mersebourg [1].

Il faut remarquer en premier lieu que si le pénitentiel de Mersebourg est un peu plus étendu que le *Vallicellanum Ium* (il compte 169 canons, tandis que le *Vallicellanum* en compte 133, et avec son supplément 143), tous les canons du pénitentiel *Vallicellanum* se retrouvent dans le recueil de Mersebourg [2]. Sans doute entre les textes de l'un et de l'autre recueils, Mgr Schmitz (t. II, p. 154), a signalé un certain nombre de différences ; mais elles peuvent s'expliquer, soit par des erreurs ou des négligences de copistes, si fréquentes dans les pénitentiels, où il fallait transcrire souvent des chiffres exprimant les années de pénitence, soit par les modifications que se permettaient sciemment les compilateurs, moins soucieux, en maintes circonstances, de reproduire exactement une règle ancienne que de l'accommoder à leur goût personnel et aux circonstances [3]. Il est d'ailleurs une analogie très frappante entre nos deux pénitentiels, qui ne s'explique que par une proche parenté : c'est celle qui se manifeste entre les canons suivants :

1. Texte publié par Wasserschleben, *Beitraege zur Geschichte der vorgratianischen Kirchenrechtsquellen* ; Leipzig, 1839, p. 88 et s. ; publié de nouveau par le même auteur dans ses *Bussordnungen*, p. 387 et s. ; et publié encore une fois par Schmitz, II, p. 359 et s. Le manuscrit est du IXe siècle.

2. Il est facile de s'en convaincre en jetant les yeux sur les renvois placés en marge des pénitentiels de Mersebourg et de Bourgogne dans le tome II de l'ouvrage de Mgr Schmitz, p. 320 et 359. On y retrouve notamment, sous le n° 43, le c. 19 de *Vallicell. Ium*, qui, parce qu'il contient le mot *barbanus*, décèle, quant à son origine, une influence lombarde.

3. Le latin du *Vallicellanum* est plus correct ; par ses incorrections, le latin du pénitentiel de Mersebourg se rapproche davantage de l'époque mérovingienne.

Mersebourg, 36. Si quis legatura fecerit in erbas, vel qualibet ingenio malo incantaberit, et super Christianum ligaberit, scias eum fidem Dei amisisse, III annis paeniteat, unum ex his in pane et aqua.	*Vallicell. I*, 89 : Si quis ligaturas fecerit per herbas vel quolibet malo ingenio, incantaverit et super christianum ligaverit, scias eum fidem Christi amisisse, III annos paeniteat in pane et aqua.

Il s'agit ici de la superstition assez répandue des *ligaturae* [1]. Or, dans les textes de pénitentiels apparentés aux nôtres, il semble qu'on ait cessé de comprendre le sens de ce mot. Parmi les compilateurs ou les copistes, les uns remplacèrent *ligaturas* par *dilaturas* [2] (ce qui donne un sens fort difficile à découvrir) les auteurs le remplacèrent par *ballaturas* [3]. Seul le pénitentiel *Vindobonense*, qui paraît d'ailleurs procéder de celui de Mersebourg, conserve, comme le nôtre (c. 39), le texte *ligaturas*. — Il y a donc lieu de croire que *Vallicellanum Ium* est étroitement apparenté au pénitentiel de Mersebourg.

Mgr Schmitz a bien reconnu cette parenté; mais il s'est imaginé, sans aucune bonne raison, que le pénitentiel de Mersebourg dérivait du *Vallicellanum*, tandis qu'en réalité c'est le *Vallicellanum* qui dérive du pénitentiel de Mersebourg. Voici les principales raisons qui me paraissent imposer cette conclusion :

1° On trouve dans le recueil *Vallicellanum* se suivant immédiatement, les trois textes transcrits ci-après.

16. — Si quis clericus vel cujuslibet superioris gradus, qui uxorem habuit et post conversionem vel honorem

1. Voir ci-dessus, p. 307, n. 2.

2. Burgundense, 38; Bobbiense, 34; Parisiense, 30 (tous ces textes figurent dans le tome II de Mgr Schmitz). La lecture *dilaturas* est inspirée sans doute par la condamnation portée par le c. 73 d'Elvire contre les *delatores*.

3. Floriacense, c. 35 : Schmitz, II, p. 343.

iterum eam agnoverit, sciat se adulterium commisisse. Idcirco si diaconus est V annos paeniteat, II ex his in pane et aqua. Sacerdos VII annos paeniteat, III ex his in pane et aqua.

17. — Canon Calcedon., hera XXVII. Si quis viduam vel virginem raptus fuerit, III annos paeniteat in pane et aqua.

18. — Si quis fornicaverit cum sanctimoniale vel Deo dicata, sicut superiori sententia, unusquisque juxta ordinem suum paeniteat.

Il suffit de lire ces textes pour se convaincre que la *superior sententia* à laquelle renvoie le c. 18 ne peut être le c. 17, où les sanctions ne varient pas suivant le rang qu'occupe le coupable dans les ordres sacrés. Au contraire, le renvoi peut fort bien s'appliquer au c. 16; mais alors le c. 17 serait un texte interpolé.

Or il se trouve que dans le pénitentiel de Mersebourg, nous retrouvons, se suivant immédiatement, le texte du c. 16 du *Vallicellanum* (sous le n° 12) et le texte du c. 18 (sous le n° 13). Le c. 17 du *Vallicellianum* n'y figure pas.

Nous avons le droit d'en conclure que le pénitentiel de Mersebourg représente un état plus ancien des textes; en effet le *Vallicellanum I*um nous les offre additionnés d'une interpolation d'ailleurs fort maladroitement ajoutée, qui décèle une époque postérieure.

2° La même impression se dégage si l'on considère l'ordre suivi par chacune des deux compilations. Pour comprendre la portée de cet argument, il faut d'abord se rendre compte de la composition du pénitentiel de Mersebourg. Sans entrer dans les détails, je me bornerai à dire qu'on y reconnaît trois séries de canons, qui d'ailleurs correspondent aux trois groupes auxquels on peut ramener la grande majorité des canons du *Vallicellanum* et de divers autres pénitentiels. En premier lieu, se présente une série continue de 39 canons (1 à 39) qui se rapprochent d'une façon surprenante des 41 canons formant le pénitentiel de la Bibliothèque de Bourgogne [1]; cette série est constituée par des règles provenant du pénitentiel de saint Colomban et par des règles rédigées en vue d'appliquer, tant bien que mal, la législation conciliaire reçue dans la Gaule mérovingienne. C'est la série plus particulièrement canonique, qui avec quelques additions, se poursuit jusques au c. 52. — En second lieu, vient une série dont la plupart des canons reproduisent des dispositions placées sous le nom de Cumméan dans les pénitentiels tripartites publiés par Mgr Schmitz. Cette série comprend les c. 52-88 : proviennent sûrement des canons de Cumméan les c. 52 à 72, 75 à 88. — En troisième et dernier lieu, on reconnaît dans le pénitentiel de Mersebourg une série de textes se rattachant aux recueils portant le nom de Théodore de Canterbury (89-169), entremêlés de quelques textes, d'ailleurs peu nombreux, provenant de Cumméan (par exemple 106 à 110). En somme, dans le pénitentiel de Mersebourg se révèle seulement un ordre extérieur. Si l'on ne tient pas compte de divergences de détail, ce pénitentiel a été constitué par la juxtaposition de trois grandes séries : série canonique, série celtique et série anglo-saxonne.

Sans doute, le *Vallicellanum* est fait des mêmes éléments : mais les canons y sont disposés, non d'après leur origine, mais d'après un ordre méthodique, suivant la matière dont ils traitent. L'hypothèse que tout naturellement nous sommes amenés à faire peut se résumer ainsi : l'auteur du *Vallicellanum* s'est servi des matériaux que lui fournissait le pénitentiel de Mersebourg ou un recueil analogue; mais, outre qu'il en a modifié légèrement les

1. Cf. Schmitz, II, p. 359.

textes, qu'il en a rendu la langue plus correcte et qu'il y a ajouté quelques gloses, il a bouleversé la composition du recueil primitif pour y introduire l'ordre et la méthode. En somme, le *Vallicellanum* n'est guère qu'une édition revue et corrigée du pénitentiel de Mersebourg [1].

Mgr Schmitz, qui tient à considérer le *Vallicellanum* comme une œuvre originale dont le recueil de Mersebourg serait issu, donne de faibles raisons pour expliquer comment d'un recueil méthodiquement classé serait sorti un recueil sans ordre méthodique. Appliquée à nos deux pénitentiels, cette hypothèse est tout à fait inadmissible. Si en effet le recueil de Mersebourg, n'était, comme il le pense, qu'une transformation du *Vallicellanum* dans lequel le désordre se serait introduit, on se demande comment ce désordre aurait été assez intelligent pour y grouper ensemble, suivant leur origine, les textes canoniques, ceux de Cumméan et ceux de Théodore. Ce groupement ne se peut comprendre que si l'on admet, contrairement à l'opinion de Mgr Schmitz, que le pénitentiel de Mersebourg représente un état premier du recueil d'où a été tiré le *Vallicellanum*.

La date du *Vallicellanum I*um dépend évidemment de la date du pénitentiel de Mersebourg. — Or ce dernier recueil peut sans témérité être daté du VIIIe siècle. En vain alléguerait-on qu'il doit être attribué au IXe siècle parce qu'en certains endroits il procède du VIe livre de la collection d'Halitgaire : c'est en effet plutôt le VIe livre d'Halitgaire qui est fait d'après le pénitentiel de Mersebourg [2] et d'autres recueils francs de la même famille.

1. Telle est l'opinion de LOENING, *Geschichte des deutschen Kirchenrechts*, II, p. 479, n° 4; et de WASSERSCHLEBEN, *Theologische Literaturzeitung* (1883), p. 616.

2. J'espère étudier ultérieurement la composition du VIe livre d'Halitgaire.

En réalité le pénitentiel de Mersebourg convient bien à la situation de l'Église franque vers la fin du VIIIe siècle [1]; sur les points de l'indissolubilité du mariage et de l'empêchement de parenté, il représente une tendance moins relâchée que celle des assemblées tenues à Verberie et à Compiègne au commencement du règne de Pépin le Bref, si bien qu'il semble une transition entre cette époque et l'époque des réformateurs zélés qui marqueront le début du IXe siècle. Si l'on veut bien assigner la fin du VIIIe siècle comme date au pénitentiel de Mersebourg, on sera amené sans difficulté à dater le *Vallicellanum I*^{um} soit de la fin du VIIIe siècle, soit du commencement du IXe.

Il est plus difficile de déterminer le pays où le *Vallicellanum I*^{um} a vu le jour. Il vient, cela semble certain, du pénitentiel de Mersebourg ou d'un recueil fort analogue à ce pénitentiel. Or ce pénitentiel de Mersebourg est fait, comme on l'a vu, au moyen des trois séries de canons en usage dans l'Empire franc au VIIIe siècle : un seul fragment, le c. 43, d'ailleurs reproduit dans le *Vallicellanum I*^{um} sous le n° 19, décèle une origine lombarde parce que l'expression *barbanus* y est employée pour *patruus*. Peut-être pourrait-on en conclure que le recueil dont le manuscrit de Mersebourg contient le seul exemplaire connu a d'abord été rédigé dans les régions que les Francs ont conquises sur les Lombards; en effet il n'est nullement surprenant de constater qu'en Italie, après la conquête franque, il a été fait usage de textes canoniques propres à l'Église franque [2]. Un ou plusieurs

1. Il est à remarquer que les superstitions qui y sont combattues sont celles contre lesquelles saint Boniface avait dû lutter énergiquement.

2. C'est ainsi qu'au IXe siècle, grâce à la domination franque, les compilations pseudo-isidoriennes passèrent de bonne heure en Italie.

exemplaires du recueil dit de Mersebourg ont pu ensuite être transportés au Nord des Alpes ; en même temps, en Italie, ce recueil engendrait le *Vallicellanum Ium*. Il n'est pas invraisemblable de placer en Italie le berceau du *Vallicellanum*, puisqu'il descend d'un recueil qui porte une trace d'origine lombarde, et puisque jusqu'à présent nous ne le connaissons que par deux manuscrits italiens, celui de la Vallicellane et celui de l'Ambrosienne.

Quoi qu'il faille penser de cette conjecture, aucun motif ne permet de considérer le *Vallicellanum Ium* comme une œuvre romaine. C'est, au contraire, un recueil tiré des trois séries de textes en usage dans l'Église franque dès la seconde moitié du VIIIe siècle, au milieu duquel a été introduit un texte lombard.

MACON, PROTAT FRÈRES, IMPRIMEURS

Original en couleur

NF Z 43-120-8

www.ingramcontent.com/pod-product-compliance
Ingram Content Group UK Ltd.
Pitfield, Milton Keynes, MK11 3LW, UK
UKHW012307240726
13966UKWH00004B/1693

9 782012 723191